UNION COMMERCIALE DE SAINT-QUENTIN

ET DE L'ARRONDISSEMENT

LES ÉMEUTES DE SAINT-QUENTIN

LA LÉGISLATION

RESPONSABILITÉ

DES COMMUNES ET DE L'ÉTAT

Dans les DÉGATS commis par des rassemblements
armés et non armés

RAPPORT DE M. LOUIS VATIN

Vice-Président de l'Union Commerciale
Membre de la Chambre de Commerce

UNION COMMERCIALE DE SAINT-QUENTIN

ET DE L'ARRONDISSEMENT

LES ÉMEUTES DE SAINT-QUENTIN

LA LÉGISLATION

RESPONSABILITÉ

DES COMMUNES ET DE L'ÉTAT

Dans les DÉGATS commis par des rassemblements

armés et non armés

RAPPORT DE M. LOUIS VATIN

Vice-Président de l'Union Commerciale
Membre de la Chambre de Commerce

UNION COMMERCIALE DE SAINT-QUENTIN
ET DE L'ARRONDISSEMENT

LES ÉMEUTES DE SAINT-QUENTIN

LA LÉGISLATION

RESPONSABILITÉ DES COMMUNES ET DE L'ÉTAT

Dans les DÉGATS

commis par des rassemblements armés et non armés

RAPPORT DE M. Louis VATIN,

Vice-Président de l'Union Commerciale, Membre de la Chambre de Commerce

MESSIEURS,

Dans notre séance de commission du 16 novembre dernier, vous me fîtes l'honneur de me charger d'un rapport sur les moyens de parer aux dégâts et pertes que des émeutes semblables à celles qui venaient de troubler la ville peuvent causer au commerce.

Les évènements dont il s'agit sont encore trop près de nous pour que vous n'en ayez pas le détail présent à l'esprit. Il importe cependant que nous en tracions un résumé précis et méthodique, pour en saisir la genèse et le développement. Cet exposé critique des faits, doit servir de base à nos revendications : nous éluciderons ainsi la question de fait. Ce sera la première partie de ce travail. Une seconde partie présentera l'état actuel de la législation régissant ces matières : nous vous ferons connaître l'ensemble des voies et moyens légaux propres à assurer le payement des indemnités légitimement dues aux commerçants lésés.

Enfin, dans nos conclusions, nous ferons appel à la Chambre de Commerce, aux groupements industriels et commerciaux, aux parlementaires, afin d'obtenir, si possible, de la Chambre des Députés le vote d'urgence de la loi votée par le Sénat le 6 juin 1911, sur la proposition de l'honorable M. Touron, Sénateur de l'Aisne.

LES FAITS

Vous savez, Messieurs, par quelles manifestations de ménagères à Maubeuge, à Hirson, à Guise, à Bohain, la campagne de protestations contre la vie chère s'est ouverte dans nos régions. On a pu, dès les premiers jours se demander si ce mouvement violent avait sa cause dans des préoccupations purement économiques et si des meneurs révolutionnaires ne le provoquaient et ne le conduisaient pas. Quoiqu'il en soit, les moins avertis pouvaient prévoir que l'émeute ne tarderait pas à gagner Saint-Quentin où la population ouvrière est nombreuse et particulièrement agitée par des ferments de discorde. Toutefois, chacun se disait que dans une ville où l'autorité dispose de moyens plus ou moins secrets d'information, où des forces nombreuses de police, de gendarmerie sont appuyées par une garnison, les émeutiers seraient tenus en respect. On avait l'espoir que ceux qui sont chargés d'assurer l'ordre dans la cité sauraient prévenir ou réprimer les attaques contre les personnes et les propriétés. Nous avons pu constater que nos espérances étaient trompeuses.

Le mercredi 30 août dernier, à 6 heures du matin, 1,200 manifestants environ se réunissaient aux faubourgs d'Isle et Saint-Martin sans éveiller l'attention de la police. Ils montaient en ville et en un quart d'heure le marché était mis à sac. De même que les préparatifs de la manifestation n'avaient pas été éventés dès la veille, sa marche n'avait pas été signalée ; aucun barrage ne s'opposait à son passage et quelques agents avaient dû assister impuissants au pillage. D'aucuns disent que certains chefs de la police avaient regardé faire le sourire aux lèvres. Nous rappelons que des mesures de rigueur ont été prises contre deux commissaires de police, ce qui semblerait indiquer que leur conduite n'avait pas été jugée favorablement par l'autorité supérieure : en fait la loi de 1884 avait été violée.

Personne ne songe à nier que la municipalité, en la personne du premier adjoint, — mal renseignée par ses agents, — n'ait rien tenté pour s'opposer au désordre. La montée inaccoutumée d'un grand nombre d'ouvriers — hommes, femmes et enfants — vers le centre de la ville, ne pouvait cependant se produire sans donner l'éveil à la police; il était facile de signaler ce fait au poste central. Le marché, dans les circonstances présentes, étant évidemment le but de cette agression, si on n'avait pas la force de s'opposer à l'attaque, un coup de téléphone suffisait pour faire fermer les portes des halles. On les a maintenues ouvertes, comme si une complicité occulte favorisait les émeutiers.

Dans tous les cas, les faits de la matinée dénonçaient un état d'esprit chez la population — tel que la plus vulgaire prudence, commandait de prendre des précautions. L'autorité municipale ne comprit pas l'avertissement. Peut-être ne voulait-elle pas comprendre. Vous savez en effet, Messieurs qu'un des principes de ceux qui sont aujourd'hui à l'Hôtel-de-Ville, c'est de ne point faire appel aux troupes, sous prétexte que la présence de celles-ci constitue une provocation.

Aussi quand le soir du mercredi 30 août, les manifestants continuant leurs exploits, attaquèrent l'épicerie Leduc, au faubourg d'Isle, ils ne trouvèrent devant eux que quelques gendarmes et agents de police.

Monsieur le Sous-Préfet Coyne accouru sur les lieux, blessé d'un coup de pierre, réquisitionna de la gendarmerie à cheval et 20 sapeurs-pompiers avec trois pompes, enfin deux compagnies d'infanterie qui dégagèrent le terrain. M. le premier adjoint Savatier faisant fonction de maire était présent, ainsi que le commissaire de police Carrance.

Il ne semble pas que le premier adjoint ait fait usage de son influence et de son prestige pour imposer aux manifestants le respect de la loi et il apparaît qu'il ait eu dès lors besoin de l'assistance de M. le Sous-Préfet, se substituant à lui avec autorité et énergie.

Dans le courant de la journée du mercredi 30 août, nous avions eu déjà le sentiment que nous ne devions attendre aucune protection de nos municipaux. En présence de l'abandon où ils laissaient leurs concitoyens, votre commission s'est réunie d'urgence et a adressé directement à Monsieur le Préfet et à Monsieur le Président du Conseil, deux lettres que nous remîmes le jeudi 31 à 3 heures du soir à Monsieur le Sous-Préfet, pour qu'il pût, s'il le voulait, télégraphier ou téléphoner.

Vous trouverez ci-annexé le texte de la lettre envoyé à la Préfecture et à l'Intérieur.

Le soir de ce même jour, jeudi à 6 heures 1/2 les scènes de désordre reprennent avec plus de gravité encore. Derrière les avant-gardes des cortèges composés de gamins de 10 à 15 ans au plus, chevauchent très paternels de bons et braves gendarmes qui ont l'air d'assurer l'ordre dans le désordre et de protéger les manifestants. Dans la rue Jean-de-Caulaincourt, une bande assaille la boucherie Marécat, puis elle se porte dans le faubourg Saint-Jean, dans la rue Croix-Belle-Porte où elle commet des déprédations; rue de la Sellerie, rue d'Isle; partout où s'ouvre une boucherie ou une charcuterie les émeutiers s'en donnent à cœur-joie. Mais c'est au faubourg d'Isle qu'ils se montrèrent particulièrement acharnés : l'épicerie Pluche fut incendiée, l'épicerie Viéville dévastée. Il est inutile d'énumérer les 46 maisons qui furent attaquées dans les différents quartiers. Un rapport très détaillé et scrupuleusement exact a été remis par nous-mêmes entre les mains de Monsieur le Président du Conseil, Ministre de l'Intérieur, en même temps qu'une lettre dont copie est également annexée.

Il importe d'examiner quelles mesures ont été prises par la municipalité pour s'opposer aux rassemblements et empêcher les dégâts. Dans l'après-midi du mercredi 30 une délégation des bouchers s'étant rendue auprès de M. le Sous-Préfet, pour demander aide et protection, ce magistrat a répondu qu'il n'avait pas de gendarmes et qu'il ne lui était pas possible de solliciter l'envoi de troupes.

Cependant le jeudi des cuirassiers arrivent à Saint-Quentin. Dans l'après-midi du 31, il est pris un arrêté interdisant les attroupements.

Pendant ce temps, une autre délégation de commerçants se rend à l'Hôtel-de-Ville ; M. Savatier premier adjoint répondit que la municipalité n'était plus rien et il conduisit lui-même la délégation auprès du Sous-Préfet.

Ici plusieurs questions se posent : Pourquoi et comment la municipalité n'avait-elle plus à intervenir ? — M. le Maire s'était-il officiellement démis de ses fonctions ?

Faisant application de l'article 99 de la loi du 5 avril 1884, Monsieur le Préfet avait-il adressé à Monsieur le Maire une mise en demeure, qui restée sans effet, obligeait le Sous-Préfet, par ordre, à intervenir aux lieu et place du Maire ?

Dans l'un ou l'autre cas, la responsabilité de celui-ci n'en demeure pas moins entière, sauf cependant le cas de démission officielle et encore faudrait-il voir, si au préalable le nécessaire avait été fait conformément aux lois du 7 juin 1848 et 5 avril 1884.

Mais revenons à la visite de la délégation composée de MM. Lobjois, président du Syndicat de l'Epicerie en détail, Pluche Achille, Legrand-Pillois, Viéville, Pluche Emile.

Monsieur le Sous-Préfet les rassura pleinement, les pria d'être moins pessimistes ; dit que les cuirassiers allaient arriver et que les commerçants pouvaient se tranquilliser, toutes les précautions étant prises. Cependant on avait négligé de consigner le 87e de ligne. On n'avait donné aucun ordre aux agents et aux cuirassiers envoyés au faubourg d'Isle. Les cavaliers regardent faire les émeutiers sans bouger, reçoivent stoïquement les pierres qu'on leur lance et ils ne ripostent pas aux coups par des coups.

Il semble que l'autorité préfectorale et municipale n'osent prendre l'initiative et la responsabilité de la répression.

Il apparaît donc nettement, Messieurs, que la municipalité est responsable — du fait de son imprévoyance, de son incurie et de son incapacité — des dommages que ses concitoyens ont éprouvés. C'est elle qui d'atermoiements en atermoiements, a laissé l'émeute grandir et se développer. C'est elle qui n'a pas su user des forces dont elle disposait, qui n'a pas dès l'abord réquisitionné le 87e, n'a pas remis — une fois son impuissance constatée — ses pouvoirs au Sous-Préfet, n'a pas donné l'ordre de repousser les émeutiers, *et a obligé le Sous-Préfet à se substituer à elle.* Si des ordres décisifs n'étaient venus de haut, nous aurions eu d'autres malheurs à déplorer. Par son inertie, la mairie a paru pactiser avec de sympathiques pillards : elle a perdu à tergiverser un temps précieux, encourageant, en restant trop à l'écart, un mouvement qu'elle aurait pu arrêter dès le début. Elle a — par principe — opposé à l'émeute des forces notoirement insuffisantes auxquelles elle enlevait toute initiative ; en face d'audacieux insurgés elle n'avait pas la volonté d'agir.

On ne dira pas que les affiches apposées par ses soins fussent des moyens capables d'enrayer l'émeute ; au contraire, on trouve dans ces affiches des excuses pour les manifestants. Le maire, devant le Conseil municipal, dit aux conseillers : « dites aux camarades que la *mesure permise* a été de beaucoup dépassée. » La mesure permise paraît devoir être le pillage du marché. Nulle part elle n'a cherché à faire appliquer la loi : elle n'a pas voulu faire son devoir civique : donc elle est responsable des désordres, elle a engagé la ville dans sa responsabilité.

II

LA LÉGISLATION

Les faits que nous dénonçons ont été prévus par la loi du 7 juin 1848 sur les attroupements, art. 3, d'une part — et pour ce qui regarde la responsabilité de la commune d'autre part, par les art. 106 — 107 — 108 — 109 de la loi municipale du 5 avril 1884.

Dans l'espèce qui nous occupe, c'est-à-dire pour les faits qui se sont passés à Saint-Quentin, nous pouvons nous appuyer sur les conclusions de M. l'avocat général Feuillolay attaquant l'arrêt de la cour d'Amiens dans l'affaire Riquier, de Fressenneville. Une émeute ouvrière ayant détruit l'usine et l'habitation de M. Riquier, la Cour d'Appel d'Amiens avait dégagé la commune de Fressenneville de toute responsabilité.

Sur appel en Cassation, M. l'avocat général Feuillolay reprit les principes et marquant énergiquement l'esprit de la loi du 10 Vendémiaire an IV, qui se retrouve avec des atténuations cependant, dans la loi de 1884, écrivait : « La législation de l'an IV faisait, des rassemblements formés sur le territoire de la commune, tolérés par la peur et la faiblesse des municipalités et par l'inertie des habitants, coupables de ne pas s'être opposés à leur formation et de ne pas avoir résisté à l'émeute *naissante*, le fondement de la responsabilité des communes et des habitants.

Ainsi, ces mots attroupements et rassemblements, nous les trouvons tout d'abord dans l'article premier, où est inscrit le principe de la responsabilité. Puis nous les trouvons répétés — à satiété, si j'ose le dire — c'est toujours M. l'avocat général qui écrit) dans les articles 2, 3, 4, 5 et 6. Le rassemblement, voilà le danger, voilà le commencement de tout! Les foules sont excitables, elles deviennent vite folles et méchantes; opposez-vous de toutes vos forces, avant qu'ils soient encore formés, aux rassemblements. « Principiis obsta....... » Voilà le premier devoir, la première obligation des municipalités et des habitants, devoir non simplement moral, mais légal, et dont l'inexécution a pour sanction la responsabilité pécuniaire des communes et des habitants. »

Cette disposition essentielle de la législation primitive se retrouve dans la loi de 1884, avec cette atténuation que la loi du 5 avril a plutôt pour fondement *l'idée de faute des municipalités* que celle de solidarité entre les habitants. Le principe de la loi repose sur cette idée exprimée par M. Waldeck-Rousseau : La responsabilité des communes « n'est que la sanction des pouvoirs de police confiés aux communes, dans la personne de leurs maires, dans le but de prévenir les désordres. »

Le législateur de 1884, partant de l'idée très juste que l'émeute commence toujours par des attroupements inoffensifs et simplement bruyants au début, pour finir par des violences contre les personnes et les biens, impose impérativement aux municipalités l'obligation non pas seulement de les réprimer, *mais avant tout et par dessus tout de les prévenir.*

C'est dans ces circonstances que le législateur a inscrit dans la loi municipale le principe de la responsabilité de droit des communes de tous « dégâts et dommages résultant de crimes ou délits commis à force ouverte sur leurs territoires, par des attroupements ou rassemblements armés ou non armés » art. 106. Et la volonté du législateur est tellement formelle qu'il édicte une présomption de faute et que la commune ne pourra échapper à cette responsabilité légale, que si elle rapporte une preuve contraire, preuve dont le fardeau lui incombe.

Mais quelle preuve? Non pas une preuve quelconque, non pas la preuve négative et indéterminée qu'elle n'a pas commis de faute, mais la preuve positive qu'elle a pris toutes les mesures que la loi lui impose l'obligation de prendre : cette obligation de rapporter une preuve positive est certaine. Elle est la conséquence de ce que le devoir du maire n'est pas un devoir quelconque, mais un devoir positif consistant en une obligation déterminée de faire.

Et ce devoir positif est de prévenir les rassemblements et de les réprimer. Le maire prendra un arrêté interdisant les attroupements.

... « Lorsqu'un attroupement armé ou non armé se sera formé sur la voie publique, le maire ou l'un des adjoints, portant l'écharpe tricolore, *se rendra* sur les lieux de l'attroupement; *se rendra*, le terme est impératif, c'est un devoir de sa charge. Puis il exhortera les citoyens à se disperser : il usera de son autorité morale, la loi lui en fait une obligation.

» Il doit en outre, dès que les troubles deviennent menaçants, requérir la force armée. Il n'est même pas tenu de faire passer sa réquisition par la sous-préfecture ou la préfecture : il réquisitionne directement.

» Le maire, loin d'être désarmé, a donc entre les mains tous les pouvoirs : il dispose de la force publique et la réquisition qu'il adresse aux chefs militaires est immédiatement exécutoire dès sa réception. »

La Ville, Messieurs, aura donc à faire la preuve que :

1e La veille au soir du mercredi 30 août, elle n'a pas pu savoir qu'un complot se tramait contre le marché ;

2° Que le matin même du mercredi 30, l'attention du commissaire du faubourg d'Isle n'a pas été éveillée par des allées et venues inaccoutumées, par des propos susceptibles d'exciter ses soupçons ;

3° Que des mesures ont été prises pour empêcher un attroupement de piller les halles et le marché-couvert ;

4° Que l'émeute du faubourg d'Isle mercredi 30 au soir, a trouvé devant elle l'adjoint ceint de son écharpe, le commissaire de police, les agents, les gendarmes jouant un rôle actif et faisant respecter en leurs personnes la légalité ;

5° Que l'adjoint a pris dès l'abord un arrêté et qu'il n'a pas trop tardé à le prendre en attendant le jeudi 31, alors que le mercredi 30, les rassemblements avaient un caractère menaçant, et qu'il n'y avait pas lieu de le prendre dès le mercredi à midi ;

6° Si la municipalité, passant condamnation sur les faits du mercredi matin, admettant sa responsabilité pour le pillage du marché — prétend se soustraire à cette responsabilité pour les faits du jeudi 31, — elle aura à discuter ce point, à savoir que les faits du jeudi et ceux du mercredi, font partie d'un ensemble d'évènements solidaires, inséparables, — qu'on ne peut isoler les uns des autres ;

7° Elle aura à prouver que dans la journée du mercredi, après les premiers attentats, elle a pris toutes les mesures nécessaires pour prévenir et réprimer les agressions contre les biens et les personnes, qu'elle a réquisitionné la force armée, qu'elle a usé de son influence morale sur ses concitoyens, qu'elle a rempli, en un mot, les devoirs qui lui incombent, qu'enfin elle a donné les ordres nécessaires pour empêcher les violations de la loi ;

8° Il lui faudra démontrer que les faits du jeudi ne se sont pas produits en raison de l'impunité dont les pillards du marché ont profité, qu'il n'y a eu de sa part ni incurie ni faiblesse; qu'elle a entendu l'avertissement qui lui venait de l'émeute et qu'elle a tout fait pour contenir et réprimer celle-ci.

Si, au contraire, elle laisse dire que le mercredi 30, elle a été prise au dépourvu, et cela le matin et le soir — que le jeudi elle a été prise encore au dépourvu, que ni le mercredi ni le jeudi, elle n'a pu user d'un prestige qu'elle ne saurait avoir, que ni le mercredi ni le jeudi, elle n'a pu faire abstraction de ses origines électorales, elle n'a pas su s'abstraire de ses opinions politiques et n'a pas voulu faire rentrer dans l'ordre des gens qu'elle avait trop longtemps courtisés et à qui elle laissait croire qu'elle était avec eux de cœur; si elle laisse dire que le devoir civique était difficile, impossible à remplir, nous n'en voulons pour le moment tirer d'autre conclusion sinon que la responsabilité pécuniaire de la Ville nous semble définitivement démontrée et que c'est à la Ville qu'incombe le paiement des indemnités réclamées par les victimes des désordres des 30 et 31 août 1911.

III

CONCLUSIONS

Nous sommes, Messieurs, sous le régime de la loi du 5 avril 1884.

Or, sous ce régime, il appartient à la municipalité de faire la preuve qu'elle n'a aucune faute à se reprocher et dans ce cas, elle échappe à toute responsabilité pécuniaire et les victimes des désordres n'ont droit à aucune indemnité. C'est d'ailleurs ce que dit très nettement M. le Maire de Saint-Quentin dans la séance du Conseil municipal du 29 septembre 1911. « Si la municipalité faisait cette preuve — qu'elle a fait tout ce qu'il était en son pouvoir à l'effet de prévenir les attroupements ou rassemblements — la responsabilité de la Ville se trouverait par là même dégagée et qui donc indemnisera les sinistrés des dégâts commis?

Personne! et quelque étonnant que cela puisse vous paraître, les commerçants lésés ne recevront aucune indemnité. Cela tient à ce que la loi de 1884 est une loi de responsabilité et non une loi de solidarité.

Cette situation déplorable, a depuis longtemps préoccupé nos législateurs et, après dix ans d'études, le Sénat a voté en juin dernier sur le rapport de M. Touron, une loi qui partage, dans tous les cas, la dépense de réparation des dommages causés, entre les villes et l'Etat. Malheureusement, cette loi n'a pas encore été votée par la Chambre, elle n'est pas actuellement applicable. Ainsi donc, si la Ville n'est pas déclarée responsable, les commerçants n'auront droit à aucune indemnité. »

Cette iniquité est trop palpable pour que le législateur n'ait pas eu l'idée d'y remédier.

Depuis longtemps, en effet, des propositions de loi ont été présentées aux Chambres et vous trouvez l'historique de ce travail parlementaire dans un remarquable rapport de l'honorable M. Moureau secrétaire de la Chambre de Commerce de Saint-Quentin, lu en séance le 18 juin 1910.

Le principe essentiel des propositions présentées au Sénat consiste à substituer la responsabilité de l'Etat à celle des communes, dans le cas où celles-ci prouvent qu'elles ont fait tout le possible pour s'opposer aux désordres.

Mais depuis 1905 les représentants de l'Etat ont résisté à tout projet de loi tendant à rejeter sur l'Etat une part de responsabilité. Il est cependant évident que si la loi associe dans la responsabilité l'Etat et la Commune, tous deux auront intérêt à rivaliser de zèle afin d'éviter les dégâts et dommages. C'est à ce but que tend la proposition de loi due à l'honorable Monsieur Touron, sénateur de l'Aisne. Elle substitue au principe de la responsabilité inscrite dans la loi de 1884, le principe de la solidarité qui se trouve dans la loi de vendémiaire an IV. En vertu de cette solidarité nationale qui assure à chaque citoyen lésé dans des circonstances déterminées réparation et indemnité : peu lui importe dès lors que ce soit l'Etat, la Commune, qui soit responsable — et dans quelles proportions ils le sont. L'important pour lui c'est que payant sous **forme d'impôts une prime d'assurance mutuelle** pour se couvrir du risque social, l'important, disons-nous, c'est qu'en cas de sinistre il obtienne la réparation due.

Nous obtiendrons ce résultat aussitôt que la Chambre des Députés aura voté à son tour la loi votée par le Sénat le 6 juin 1911. Nous vous proposons, Messieurs, pour pouvoir atteindre ce but dans un délai très rapproché, de solliciter l'appui autorisé de la Chambre de Commerce de Saint-Quentin et de l'Aisne et des groupements industriels et commerciaux de France, auprès du Gouvernement et des députés. L'étroite solidarité qui unit dans une même pensée de défense sociale les forces économiques de la nation, ne manquera certainement pas — dans la question si importante qui nous occupe — de se manifester spontanément.

Après délibération, la Commission de l'Union Commerciale de Saint-Quentin et de l'Arrondissement, adopte à l'unanimité et dans son entier le rapport de son vice-président, M. Vatin ;

En décide l'envoi à tous les groupements industriels et commerciaux de France ;

Charge le rapporteur de bien vouloir intervenir auprès de la Chambre de Commerce dont il fait partie afin de demander à cette compagnie s'il lui plaîrait adopter les conclusions dudit rapport.

ANNEXE

Lettre ouverte de l'Union Commerciale
A Monsieur le Préfet de l'Aisne

En présence des évènements du mercredi matin, la commission de l'Union Commerciale de Saint-Quentin s'est réunie d'*urgence* le mercredi 30 août, à 9 heures du soir, et a décidé de faire parvenir les lettres suivantes à Monsieur le Ministre de l'Intérieur et à Monsieur le Préfet de l'Aisne :

Saint-Quentin, le 31 août 1911.

Monsieur le Préfet du Département de l'Aisne,

Hier matin, une partie de la population ouvrière de Saint-Quentin a saccagé et pillé toutes les marchandises se trouvant sur le marché de notre ville, la municipalité n'ayant pas pris de dispositions, en vue de ces évènements, qui cependant étaient à prévoir, attendu que ces mêmes faits s'étaient produits à Maubeuge, Hirson, Guise et même à Bohain, à la porte de Saint-Quentin, et que, de plus, certains indices, dont la rumeur publique était saisie ne devaient pas être méconnus de la municipalité.

Ne semble-t-il pas, à tout esprit averti, que la municipalité de Saint-Quentin eut dû prendre toutes précautions de nature à empêcher des faits aussi regrettables de se produire.

Confiants d'ailleurs dans les forces de police dont disposait la ville de Saint-Quentin (c'est-à-dire la police municipale, gendarmerie et infanterie), les commerçants du marché sont venus sans aucune crainte et en aussi grand nombre que de coutume, — une demi-heure a suffi à prouver qu'ils s'étaient trompés : leur confiance fut trahie.

Non seulement, Monsieur le Préfet, les intérêts des commerçants du marché ont été lésés, mais par répercussion le commerce local tout entier a subi de ce fait un très grand préjudice.

Répondant au désir exprimé par de nombreux commerçants légitimement émus par les évènements qui viennent de se produire, nous nous adressons à votre haute autorité pour rechercher si la municipalité s'est conformée aux obligations que lui impose la loi du 5 avril 1884, et dans le cas contraire, appliquer toutes sanctions prévues par cette loi *et exiger de suite que des mesures rigoureuses soient prises pour sauvegarder les intérêts des commerçants menacés.*

En conséquence, nous vous serons reconnaissants de prescrire immédiatement une enquête à cet effet *et de prendre toutes mesures utiles afin d'éviter le retour de semblables faits.*

Veuillez agréer, etc.

Pour l'Union Commerciale,
Le Président : A. THOME.

A MONSIEUR LE PRÉSIDENT DU CONSEIL,
MINISTRE DE L'INTÉRIEUR

Monsieur le Président du Conseil,

L'Union Commerciale de Saint-Quentin et de l'Arrondissement a l'honneur de présenter à votre impartial examen des faits sur lesquels votre attention a déjà été appelée, à savoir les attentats criminels dont notre Région, et notamment notre Ville a été le théâtre pendant près d'une semaine.

Un mouvement révolutionnaire, sous le voile d'une manifestation ménagère, mettant en péril nos existences et nos magasins, a éclaté à Saint-Quentin, et à l'heure actuelle il n'est pas encore complètement réprimé.

Ce n'est pourtant pas, Monsieur le Président du Conseil, que les avertissements aient manqué, et les moins avisés prévoyaient que les manifestations commencées dans le Nord ne tarderaient pas à gagner Saint-Quentin où une grande partie de la population ouvrière se trouve constamment agitée par des ferments de désordre.

A nos yeux, la nature de ce mouvement est nettement révolutionnaire.

La cherté de la vie, bien qu'indéniable, n'est cependant qu'un prétexte.

Il existe, en effet, dans notre Ville, des coopératives ouvrières de consommation et nous pouvons affirmer que ces sociétés ne vendent pas leurs produits à des prix inférieurs à ceux du commerce local. On ne peut donc reprocher à celui-ci de profiter d'une situation dont il est le premier à souffrir, pour réaliser des bénéfices excessifs appelant sur lui la vengeance et le pillage.

Pendant les deux jours de l'émeute dernière nous avons été assaillis, notre marché pillé, nos maisons saccagées et incendiées, sans que la police et les troupes, faute d'ordres précis, interviennent utilement.

C'est d'ailleurs ce manque de répression immédiate qui a permis au mouvement de prendre une telle extension, en enhardissant les émeutiers et les pillards.

Il ne nous appartient pas, Monsieur le Président du Conseil, de vous suggérer les mesures qu'il convient de prendre, dans les circonstances critiques que nous traversons, mais en présence des menaces constantes que le camp révolutionnaire fait peser sur la cité tout entière, nous vous demandons instamment de calmer les craintes qui nous oppressent et de nous rendre la sécurité à laquelle nous avons droit. Nous ne pouvons attendre cette sécurité d'une municipalité à la fois hostile par doctrine au commerce local et à l'armée.

Veuillez agréer, nous vous prions,
Monsieur le Président du Conseil,
l'hommage de notre respect.

Pour l'Union Commerciale : MARIOLLE-GADMER, Vice-Président.

Saint-Quentin, 14 Septembre 1911.

SAINT-QUENTIN. — IMPRIMERIE DU " GUETTEUR ", RUE CROIX-BELLE-PORTE, 21.

www.ingramcontent.com/pod-product-compliance
Lightning Source LLC
Chambersburg PA
CBHW060727280326
41933CB00013B/2576